P9-DTA-505

French for Mrs. Katz

ALSO BY ANNA SEQUOIA

Adult Children of Jewish Parents:
The Last Recovery Program You'll Ever Need

The Official J.A.P. Handbook

The Official J.A.P. Paper Doll Book
(with Patty Brown)

67 Ways to Save the Animals

No Bad Men (with Sarah Gallick)

Chunks (with Patty Brown)

The Complete Catalog of Mail Order Kits

Backpacking on a Budget
(with Steven Schneider)

The Climbers Sourcebook
(with Steven Schneider)

French for Mrs. Katz
All the French a Jewish Mother Could Possibly Need

Le Français pour Madame Katz
Tout Le Français dont une Mère Juive Peut Possiblement Avoir Besoin

Anna Sequoia & *Louise Sarezky*
Illustrations by Paul Oxborough

Fawcett Columbine • New York

A Fawcett Columbine Book
Published by Ballantine Books

Copyright © 1994 by Anna Sequoia and Louise Sarezky
Illustrations copyright © 1994 by Random House, Inc.

All rights reserved under International and Pan-American
Copyright Conventions. Published in the United States
by Ballantine Books, a division of Random House, Inc.,
New York, and simultaneously in Canada by
Random House of Canada Limited, Toronto.

Library of Congress Cataloging-in-Publication Data
Sequoia, Anna.
French for Mrs. Katz: all the French a Jewish mother could
possibly need / Anna Sequoia & Louise Sarezky.
p.   cm.
ISBN 0-449-90889-5
1. Mothers—Humor.   2. Jewish wit and humor.   3. French
language—Humor.   4. De la Barbe, Henri—Parodies,
imitations, etc.   I. Sarezky, Louise.   II. De la Barbe, Henri.
French for cats.   III. Title.
PN6231.M68S47 1994
818'.5402—dc20   93-2229
CIP

Cover design by Judy Herbstman
Illustrations by Paul Oxborough

Manufactured in the United States of America

First Edition: April 1994

10 9 8 7 6 5 4 3 2 1

This book is dedicated, with love, to

Peg
Roslyn
&
Adele

TABLE OF CONTENTS
TABLE DES MATIÈRES

THE MOTHER
LA MÈRE

Don't ask what kind of a day I had . . .
*Ne demandez pas quelle sorte de journée
 j'ai eue . . .*

LISTEN TO YOUR MOTHER
ECOUTE TA MÈRE

A GOOD MEAL IS A WONDERFUL THING
*UN BON REPAS EST UNE CHOSE
 MERVEILLEUSE*

BLOOD IS THICKER THAN WATER
LE SANG EST PLUS EPAIS QUE L'EAU

—A Mother's Heartache: The Children
—*Le Chagrin d'une Mère: Les Enfants*

—It's Such a Simple Thing to Pick up
   The Phone
—*C'est une Chose Tellement Simple de
   Décrocher le Téléphone*

—A Time For Tears: The Wedding
—*Un Temps pour les Larmes: Le Mariage*

—A Time For More Tears:
   Intermarriage
—*Un Temps pour Plus des Larmes:*
   L'intermariage

—Oy, Am I Kvelling: The
   Grandchildren
—Oy, *Je Kvell: Les Petits-Enfants*

IN MY HOUSE, YOU'LL DO AS I SAY
DANS MA MAISON, TU FAIS CE QUE JE DIS

THAT MAN WOULD BE LATE FOR HIS OWN
   FUNERAL
CET HOMME SERAIT EN RETARD POUR SES
   PROPRES FUNÉRAILLES

A NICE COMPLIMENT
UN GENTIL COMPLIMENT

IF YOU HAVE YOUR HEALTH, YOU HAVE
   EVERYTHING
SI VOUS AVEZ LA SANTÉ, VOUS AVEZ
   TOUT

SUCH A LOVELY AFFAIR
QUELLE BELLE RÉCEPTION

SO MAYBE WE'LL GO SOMEWHERE
ALORS, PEUT-ETRE NOUS ABOUTIRONS
   QUELQUE PART

A Mother Has Feelings Too
Une Mère a Ses Sentiments Aussi

So It Shouldn't Be a Total Loss . . .
*Alors, Ce Ne Devrait Pas Etre Une
Perte Totale . . .*

French for Mrs. Katz

THE MOTHER
LA MÈRE

Don't ask what kind of a day I had. The kind when a call from you would have made all the difference.

Ne demande pas quelle sorte de journée j'ai eue. Une journée où un de tes coups de téléphone aurait fait toute la différence.

LISTEN TO YOUR MOTHER
ECOUTE TA MÈRE

It's as easy to love a rich man as it
is to love a poor one.
*Il est aussi si facile d'aimer un homme
riche que d'aimer un homme pauvre.*

I don't care how old you are,
you'll always be my baby!
*Je m'en fiche de quel âge tu as, tu
seras toujours mon bébé!*

Of course I worry. I'm your
mother.
Bien sûr je m'inquiète. Je suis ta mère.

My friends say to me: Estelle, you're
always doing for others. Why don't you do
a little for yourself?
*Mes amis me disent: Estelle, tu fais tout pour
les autres. Pourquoi tu ne fais pas un peu pour
toi-même?*

If you go out with a wet head, you
may as well go directly to the
hospital.
*Si tu sors avec les cheveux mouillés,
tu peux tout aussi bien aller
directement à l'hopital.*

How much longer will we be
around to bother you, anyway?
*Combien de temps encore serons-nous
ici à t'enquiquine?*

Eat, darling, eat!
Mange, ma chérie, mange!

I'm not saying not to go out with a *shiksa*. God willing, I'm still alive when you get home.

Je n'ai pas dit de ne pas sortir avec une shiksa. Grâce à Dieu, je serai toujours vivante quand tu rentreras.

But who am I to complain?
I'm only your mother.
Mais qui suis-je pour me plaindre?
Je suis seulement ta mère.

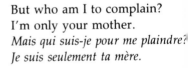

A Good Meal Is a Wonderful Thing
Un Bon Repas est une Chose Merveilleuse

Don't worry about me, I'll just pick.
Ne te soucie pas pour moi, je grignote.

I've got news for you. You eat like a pig.
J'ai des nouvelles pour toi. Tu manges comme un cochon.

You call *that* a plate of food?
Tu appelles ça un repas?

Here, *momala*, you take the best piece . . .
Tiens, momala, *prends le meilleur morceau* . . .

Murray *who* made the bagels?
Murray qui *a fait les bagels?*

You're flying First Class?
Eat *everything*!
Tu voles en première classe?
Mange tout!

Caviar schmaviar, I like a nice
piece of lox.
Caviar schmaviar, moi, j'aime une
bonne tranche de saumon fumé.

I hear dessert?
J'entends le dessert?

BLOOD IS THICKER THAN WATER
LE SANG EST PLUS EPAIS QUE L'EAU

A Mother's Heartache: The Children
Le Chagrin d'une Mère: Les Enfants

After all, who am I to ask a simple
question? I'm only your mother.
*Après tout, qui suis-je pour demander une
simple question? Je suis seulement ta mère.*

MASTER EXPRESS
GOLD
5312 321170 2051
EXP. DATE 31 DEC. 99
ESTELLE KATZ

What do you think,
your father and I are
made out of money?
Qu'est-ce que tu penses?
Ton père et moi sommes
faites d'argent?

What horrible thing have we done
to you all our lives that *this* should
be our reward?
Quelle chose horrible t'avons-nous fait
dans la vie pour que cela soit notre
récompense?

Mrs. Lipschitz, this is my boy
Sheldon, the doctor.
*Madame Lipschitz, je vous présente
mon fils Sheldon, le docteur.*

Oh, if I only had a grandchild to
knit for. . . .
*Ah, si seulement j'avais des petits-
enfants pour qui tricoter. . . .*

When in your whole life did you
listen to your mother, anyway?
*Dis-moi quand tu as jamais écouté ta
mère?*

It's Such a Simple Thing to Pick Up the Phone
C'est une Chose Tellement Simple de Décrocher le Téléphone

What do you mean I shouldn't have called the police? We didn't hear from you for 12 hours!

Qu'est ce que tu veux dire que je n'aurai pas dû appeler la police? Nous n'avions pas de nouvelles de toi depuis douze heures!

Call the minute the plane lands.
Téléphone la minute l'avion atterrit.

Let it ring twice, hang up, call back. I'll
know it's you.
*Laisse-le sonner deux fois, raccroche, re-
téléphone. Je saurai que c'est toi.*

God forbid I need to reach you, I have all
the numbers where you'll be?
*Que Dieu me préserve, si j'ai besoin de
t'atteindre, j'ai tous les numéros de téléphone
où tu seras?*

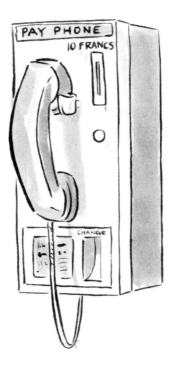

What's the matter, Mr. Bigshot,
you couldn't afford a phone call?
*Qu'est-ce qui arrive, Monsieur
Important, tu n'as pas les moyens de
téléphoner?*

A Time for Tears: The Wedding
Un Temps pour Les Larmes: Le Mariage

Get my glasses, Harold. I can't see
the diamond.
*Cherche mes lunettes, Harold. Je ne
peux pas voir le diamant.*

It's a very small diamond,
but it's flawless.
C'est un très petit diamant,
mais il est sans défaut.

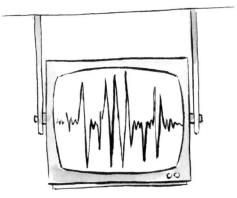

Oy, do I have palpitations . . .
Oy, *est-ce que j'ai des palpitations . . .*

So what if he's short, he'll stand
on his money.
*Ça ne fait rien s'il est court, il peut se
hausser par son argent.*

You can have ten husbands in a lifetime,
but you can only have one mother.
*Tu peux avoir dix maris dans une vie, mais tu
ne peux avoir qu'une mère.*

A Time for More Tears: Intermarriage
Un Temps pour Plus des Larmes:
L'intermariage

My son doesn't know from Jewish
girls.
*Mon fils ne connait pas de filles
juives.*

You might as well have stabbed
me in the heart.
*Tu aurais pu aussi bien me donner un
coup de couteau dans le coeur.*

If your father was alive, may he
rest in peace, he would drop dead
from this.
*Si ton père était vivant, qu'il repose en
paix, il en crèverait.*

Oy, Am I *Kvelling*: **The Grandchildren**
Oy, *Je* Kvell: *Les Petits-Enfants*

So how's my big boy?
Alors, comment vas mon grand bonhomme?

When you leave, I'll stick my head
in the oven.
*Quand tu pars, je vais mettre ma tête
dans le four.*

Your *mother* bought you those
shoes?
Ta mère t'a acheté ces chaussures?

Oy, whataya trying to do, give
yourself a concussion?
Oy, *qu'est-ce que tu fais, tu veux te
casser la tête?*

It's broken. Are you happy now?
C'est cassé. Est-ce que tu es content maintenant?

Whataya mean, it's a Chanukah
bush?
*Qu'est-ce que tu me dis, c'est un
arbuste pour Chanukah?*

Don't sit so close to the TV. God
forbid, you'll go blind from it.
*Ne t'assiéds pas si prés de la
télévision. A Dieu ne garde, tu vas
te rendre aveugle da ça.*

Do you want your grandfather to
have a heart attack?
*Est-ce que tu veux que ton grand-père
ait une crise cardiaque?*

Grandma loves you . . . *Bubula* . . . *Tsatkela* . . . *Tushy* face . . . *Oy, I'm gonna bite you . . . Shana madala . . . Oy a gezunt in kopf* . . . *Momala* . . . *Mine eininkel* . . . The handsomest boy in the world . . . My little princess . . . Come give grandma a big kiss . . . Such a genius . . .

Mamy t'adore . . . Bubula . . . Tsatkela . . . *Bouille de* Tushy . . . Oy, *je vais te mordre* . . . Shana madala . . . Oy a gezunt in kopf . . . Momala . . . Mine eininkel . . . *Le plus beau garçon du monde . . . Ma petite princesse . . . Viens, fais la bise à ta mamy . . . Quel génie . . .*

In My House, You'll Do As I Say
Dans Ma Maison, Tu Fais Ce Que Je Dis

What's that *smell* in here?
Qu'est-ce que c'est que cette odeur?

Who died and left you boss?
Qui est mort et t'a laissé patron?

So how come the tub's not clean?
Are your arms broken?
*Alors, pourquoi la baignoire n'est-elle
pas propre? Tes bras sont cassés?*

You don't even know what it
means to turn off a light.
*Tu ne sais même pas comment éteindre
une lumière.*

My house is so clean, you could eat off my
floor.
*Ma maison est tellement propre, tu pourrais
manger par terre.*

A dog in *my* house?
Un chien dans ma maison?

What do you have in a nice linoleum?
Qu'est-ce que vous avez comme bon linoléum?

I could make a wig from the dust
under your bed.
*On pourrait faire une perruque de
toute la poussière sous ton lit.*

Do you think you're the only one
living in this house?
*Tu penses que tu es la seule personne
dans cette maison?*

THAT MAN WOULD BE LATE
FOR HIS OWN FUNERAL
CET HOMME SERAIT EN RETARD
POUR SES PROPRES FUNÉRAILLES

Where's that draft coming from?
D'où vient ce courant d'air?

Your Aunt Gert, may she rest in
peace, had an answer for
everything.
*Ta Tante Gert, qu'elle repose en paix,
avait une réponse à tout.*

GERTRUDE
TISHBAUM

1912 - 1992

◦ LOVING WIFE ◦
◦ MOTHER OF TWO ◦
KNOW IT ALL !

He looks like he's about to speak.
On dirait qu'il va parler.

What's the matter, she couldn't locate a black dress?
Et alors, elle ne pouvait même pas trouver une robe noire?

He left her extremely comfortable.
Il l'a laissée extrêmement à l'aise.

Your father, may he rest in peace,
was such a clean man.
*Votre père, qu'il repose en paix, était
un homme si propre.*

A NICE COMPLIMENT
UN GENTIL COMPLIMENT

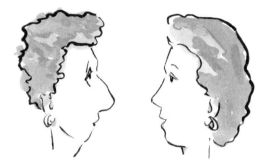

BEFORE   AFTER

I've got two words for Yetta:
plastic surgery.
*J'ai juste deux mots pour Yetta:
chirurgie plastique.*

Who do you think you are, the
Queen of Sheba?
*Qui t'imagines que tu es, La Reine de
Sheba?*

That's how you come to the table?
C'est comme ça que tu viens à table?

Oh boy, could she eat!
*Mon Dieu, qu'est-ce qu'elle pouvait
manger!*

What do you think, your father
and I are dummies?
*Qu'est-ce que tu penses, que ton père
et moi sommes des imbéciles?*

I personally would not drink from
their glasses.
*Personnellement, je ne boirais pas dans
leurs verres.*

He spends his day in the bathroom.
Whataya want from eating *chazerai*?
*Il passe sa journée aux toilettes. Qu'est-ce que
tu veux, il ne mange que du* chazerai.

She meant well, the poor thing.
Elle a de bonnes intentions, la pauvre.

Bald, schmald. Does he think we
can't see?
*Chauve schmauve. Est-ce qu'il pense
que nous sommes aveugles?*

Streisand she ain't.
Elle n'est quand même pas Streisand.

One can't say too much about prunes.
On ne peut jamais trop en dire au sujet des pruneaux.

But who am I to criticize?
Mais, qui suis-je pour critiquer?

IF YOU HAVE YOUR HEALTH, YOU HAVE EVERYTHING
SI VOUS AVEZ LA SANTÉ, VOUS AVEZ TOUT

You know, Eunice, it always pays to get a second opinion. Just to be sure.
Tu sais, Eunice, c'est toujours mieux d'avoir une seconde opinion. Juste pour être sûr.

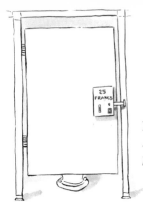

Never sit on a public toilet.
Ne t'assieds jamais sur un cabinet public.

If you *must* sit, line the seat with paper.
Si tu dois t'asseoir, mets du papier sur le siège.

Personally, I'd rather hold it until I burst
than use a toilet I don't know.
*Personnellement, je préfére me retenir jusqu'à-
ce que j'éclate plutôt que d'utiliser une toilettes
que je ne connais pas.*

Oh, I'll sleep anywhere. My back
never felt better.
*Ah, je peux dormir n'importe où. Je
ne me suis jamais sentie si bien.*

Taking off a few pounds wouldn't kill her.
Perdre quelques kilos ne la tuerait pas.

An open mayonnaise jar is an
invitation to disaster.
*Un pot de mayonnaise ouvert est une
invitation au désastre.*

It's a curse to have to worry about
other people's filth.
*C'est une malédiction de se faire du
souci pour la saleté des autres gens.*

He's a very big prostate man.
C'est le grand ponte de la prostate.

If you never want to see your mother
again, go swimming right after eating.
*Si tu ne veux jamais plus revoir ta mère, va
nager immediatement après avoir manger.*

SUCH A LOVELY AFFAIR
QUELLE BELLE RÉCEPTION

Leonard's of Great Neck . . . only
the best for Ira.
*Leonard à Great Neck . . . seulement
ce qu'ily a de mieux pour Ira.*

Was the food *good*? *Oy,* the portions were so big we couldn't finish them.
Est-ce que la nourriture était bon? Oy, les portions étaient tellement grandes que nous ne pouvions pas les finir.

Answer me this, how could a woman wear a *schmata* like that to her only son's wedding?

Dis-moi ça, comment une femme peut porter une schmata *comme ça au mariage de son fils unique?*

I'm begging. I want to see you in Florida.
Je t'en supplie. Je veux te voir en Floride.

So who needs an upper deck cabin anyway? We'll make do.
Alors, qui a besoin d'une cabine au pont supérieur? On s'en passera.

How was my trip to Israel? It's a miracle what they did with this place.

Comment était mon voyage en Israel? C'est un miracle ce qu'ils ont fait de ce pays.

A Mother Has Feelings Too
Une Mère a Ses Sentiments Aussi

One day a year I ask you for something. But that's all right, let's just forget the whole thing . . .
Un jour par an je te demande quelque chose. Mais ça ne fait rien, oublions tout . . .

What am I, chopped liver?
Qu'est-ce que je suis, du pâté?

This is how you thank me for all
I've done for you?
*C'est comme ça que tu me remercies
pour tout ce que j'ai fait pour toi?*

You didn't. For me? You shouldn't
have . . .
*Tu ne l'as pas fait. Pour moi? Tu
n'aurais pas dû . . .*

You're a *what*?
Tu est un(e) quoi?

On a Jewish holiday you talk to
your mother like this?
*Un jour de fête juive, tu parles comme
ça à ta mère?*

Listen, this is me, Ida. What's
your best price?
*Ecoute, c'est moi, Ida. Quel est ton
meilleur prix?*

Some day, when you're a mother,
you'll understand.
*Un jour, quand tu seras une mère, tu
comprendras.*

A Jewish affair it wasn't. My plate
had no food on it.
*Une réception juive, ça ne l'était pas.
Je n'avais rien dans mon assiette.*

SO MAYBE WE'LL GO SOMEWHERE
ALORS, PEUT-ÊTRE NOUS
ABOUTIRONS QUELQUE PART

We'll go, we'll sit, we'll have a
little something.
*On ira, on s'assiéra, on prendra un
petit quelque chose.*

So It Shouldn't Be a Total Loss
Alors Ce Ne Devrait Pas Etre Une Perte Totale

Listen, from where I sit . . . God forbid . . .
Don't ask . . . You want? You'll get! . . . From
your mouth to God's ears . . . Is it asking too
much? . . . If I had a nickel for every . . . God
willing . . . You heard your father . . . When in
your whole life? . . . When I was your age . . .
Don't leave me in suspense . . . He would turn
over in his grave . . . You should be so lucky . . .
What's the big to-do? . . . I've been through more
pain from you . . . Don't hold your breath . . .
Watchit! You'll get hurt! . . . Bite your tongue! . . .
Let me give you a for instance . . . If I told you
once, I've told you a thousand times . . . I should
live so long . . . What's not to understand? . . .
That cat is not my grandchild!

*Ecoute, d'où je suis assis . . . Que Dieu te préserve . . .
Ne demande pas . . . Tu veux? Tu obtiens! . . . De
ta bouche aux oreilles de Dieu . . . Est-ce trop demander? . . . Si j'ai un centime pour chaque . . . Si
Dieu veut . . . Tu as entendu ton père . . . Quand
dans ta vie entière? . . . Quand j'avais ton âge . . . Ne
me laisse pas en suspens . . . Il se retournerait tournera
dans sa tombeau . . . Tu dois avoir telle chance . . .
Quel est le grand faire? . . . Tu m'as causé beaucoup
de peine . . . Ne retiens pas ton souffle . . . Attention!*

Tu vas te faire mal! . . . Mords ta langue! . . . Laisse
moi te donner un par example . . . Si je te l'ai dit une
fois, je te l'ai dit mille fois . . . Je devrais vivre si long-
temps . . . Qu'est-ce qu'il y a á ne pas comprendre? . . .
Ce chat n'est pas mon petit-enfant!